Fünf Eichhörnchen entdecken Krefeld

Texte und Aquarelle

von Ruth Liebert-Schmitz

Kennst du die flottesten
Eichhörnchen aus Krefeld?
Du wirst sie lieben!

Pirmoni Verlag

Für meine Enkelkinder

Die wahre Lebenskunst besteht darin,
im Alltäglichen das Wunderbare zu sehen.

Pearl S. Buck

Inhalt

Einleitung

Ich bin eine begeisterte Krefelderin und wohne zusammen mit meinem Ehemann in einem Haus mit großem Garten.
Das Haus ist wunderschön gelegen und grenzt direkt an eine der Niepkuhlen im Stadtteil Verberg. Hier beobachte ich täglich die intakte Natur mit Pflanzen und Tieren und deren Zusammenspiel.
Die fünf Eichhörnchen in meiner Geschichte wurden tatsächlich in unserem Garten geboren. Und als mein Mann und ich voller Vorfreude und ungeduldig auf die Geburt unseres ersten Enkelkindes warteten, begann ich an einer Eichhörnchengeschichte zu schreiben und gleichzeitig Bilder dazu zu malen.
Daraus entstand dieses Kinderbuch. Es soll allen viel Freude bereiten: Kindern, Eltern, Opas und Omas und dazu inspirieren, Krefeld zu entdecken.

Mein Kinderbuch erzählt Abenteuergeschichten, die der Eichhörnchenjunge Buschi und seine vier Schwestern erleben. Außerdem möchte ich Wissenswertes über die Stadt Krefeld, die Tier- und Pflanzenwelt und über das Leben von Eichhörnchen vermitteln. Diese Texte sind farblich gesondert hinterlegte Seiten und für wissbegierige Kinder gedacht.

Fünf kleine Eichhörnchen erblicken das Licht der Welt

Es war Winter und sehr kalt. Der Garten in Verberg, einem Stadtteil von Krefeld, lag unter einer tiefen Schneedecke. Hoch oben in einer Kiefer, ganz versteckt, brachte eine Eichhörnchenmama fünf Eichhörnchenkinder zur Welt. Sie hatte für ihren Nachwuchs ein kuscheliges Nest aus kleinen Zweigen, Blättern, Moos, Knospen, Rinden und Nadeln gebaut. Das Nest hatte die Form einer Kugel und innen war es schön warm. Nach ihrer Geburt lagen hier nun ein Eichhörnchenjunge mit seinen vier Schwestern eng aneinander gekuschelt. Sie waren zuerst noch blind und erst nach 50 Tagen erlaubte ihnen ihre Mama das erste Mal, das Nest zu verlassen. Draußen blickten sie sich neugierig um. Von der Kiefer aus, hoch oben in den Zweigen, hatten sie eine tolle Aussicht und sahen in einen wunderschönen Garten.

Buschi

Inzwischen war es Frühling und der Eichhörnchenjunge, seine Mama hatte ihm den Namen Buschi gegeben, erkundete mit seinen Schwestern den Garten. Seine Schwestern hießen Moni, Anne, Lotte und Hanni. Während die Geschwister im Garten spielten, hatte ihre Mama immer viel zu tun. Sie war meistens unterwegs und auf der Suche nach Futter für ihre Kleinen. Auch musste sie zwischendurch ihr Nest reparieren. Dabei hatte sie keine Hilfe. Einen Eichhörnchenpapa gab es nicht, doch das war in Eichhörnchenfamilien nicht ungewöhnlich. Das hatte Buschi von seiner Mutter

erfahren, als er sie danach gefragt hatte. Seine Mutter wusste überhaupt unglaublich viel, auch über die Gegend in der sie wohnten und die vielen Tiere und Pflanzen in dem Garten. Direkt hinter dem Garten lag auch ein großer See, doch dort durften sie noch nicht hin.

Buschi lernt den Roten Tom und andere Tiere kennen

Schon bald unternahm Buschi ganz alleine einen ersten Ausflug und sprang von Baum zu Baum. Schließlich hatte er Hunger und machte an einem Futterhäuschen Rast, um ein paar Haferflocken und Körner zu fressen.

Roter Tom

»Hey du, was machst du denn hier? Das Futter ist nur für uns Vögel da und nicht für einen dicken Vielfraß wie dich!«, piepste wütend ein Vogel, der in der Nähe auf einem Ast saß. »Geh weg und suche dir anderswo dein Futter!«
»Das habe ich nicht gewusst«, antwortete Buschi erschrocken. »Ich kenne mich noch nicht so richtig aus. Wer bist du denn?«
»Ich bin ein Rotkehlchen, aber alle nennen mich den Roten Tom«, piepste er schon weniger laut.
»Ich bin das Eichhörnchen Buschi, es ist nett dich hier zu treffen. Wohnst du auch hier im Garten?", fragte Buschi interessiert, mit gespitzten Ohren.
»Ja, ich wohne da drüben in der Hecke, in einem selbstgebauten Nest aus Moos und Blättern. Meine Kinder haben ständig Hunger und ich muss sie mit Futter versorgen, da kann ich dich hier jetzt nicht gebrauchen.«
Buschi fand den Roten Tom ziemlich unfreundlich und sprang enttäuscht davon. Da entdeckte er seine Schwestern, die in einem Haselnussstrauch saßen.
»Was macht ihr denn da in der heißen Sonne, ist es euch nicht zu warm?«, fragte Buschi.

»Siehst du denn nicht, dass wir unsere buschigen Schwänze wie Sonnenschirme hochhalten, so kann man es gut aushalten«, antwortete Moni keck.
»Wir beobachten eine Katze, die eine Maus jagt«, berichtete Lotte ganz aufgeregt.
»Seid ihr verrückt, passt auf, dass sie euch nicht schnappt!«, warnte Buschi sie. Immer wieder hatte ihre Mutter sie ermahnt, sich besonders vor Katzen und Raubvögeln in Acht zu nehmen.
Plötzlich gab die Katze die Jagd nach der Maus auf und kam in ihre Richtung gelaufen. Hanni, die von allen Geschwistern die Mutigste war, fragte: »Hey Katze, du tust uns doch nichts, oder?«
»Ich habe aber Hunger und die Maus ist mir gerade entwischt«, maunzte die Katze bedrohlich.
Da bekamen die Geschwister es mit der Angst zu tun und sprangen so schnell sie konnten zurück in den schützenden Kobel. Die Katze lief missmutig und hungrig davon. »Die Fünf sind ganz schön flott«, brummte sie.

Der Rote Tom war inzwischen Buschis Freund geworden. Eigentlich war er ganz nett, aber immer viel beschäftigt und dauernd auf der Suche nach Futter für seine zahlreichen Kinder. Der Hunger der kleinen Rotkehlchen musste wirklich gewaltig sein, dachte Buschi, denn ihr lautes Piepen tönte den ganzen Tag lang laut durch den Garten. Der Rote Tom kümmerte sich ganz liebevoll um sie und half seiner Frau beim Füttern. So hatte Buschi seinen Papa nie erlebt, er kannte ihn ja noch nicht einmal. Seine Mutter hatte ihm gesagt: »Euer Papa hat euch Kinder sehr lieb, auch wenn er nicht mehr da ist.« Buschi war davon nicht ganz überzeugt und fragte sich, wie es wohl wäre, wenn sein Papa bei ihnen leben würde.

Immer wenn Buschi sich langweilte, setzte er sich gerne hoch oben in die Kiefer auf einen Ast und beobachtete, was im Garten vor sich ging. Öfters hatte er schon einem Gärtner bei der Arbeit zugesehen. Mit einem Spaten grub dieser die Erde um, oder lockerte den Boden mit einer Harke. Dabei kamen viele Würmer an die Oberfläche. Schon einige Male hatte Buschi den Roten Tom dabei beobachtet, wie er um den Gärtner herumhüpfte und die Würmer packte.

»Einfacher kann ich nicht an Würmer kommen«, dachte Buschi. »Es wird wohl langsam Zeit, dass ich anfange, selbst für mein Futter zu sorgen.«

Seine Mutter hatte ihm und seinen Schwestern beigebracht, welche Baumsamen, Beeren, Würmer und Flechten gut für sie waren. Vogeleier und Jungvögel gehörten auch mit dazu. Doch schließlich war der Rote Tom sein Freund, nie hätte Buschi dessen Nachkommen fressen können. Außerdem mochte er viel lieber Würmer und Beeren.

Eines Tages, als der Gärtner wieder im Garten arbeitete, gesellte Buschi sich schnell zu ihm. Auch der Rote Tom kam herangehüpft. Er hatte in der Nähe nach Schnecken, Würmern und Spinnen in der frischen Erde gepickt, um seine hungrigen Kinder zu füttern.

»Ich war jetzt zuerst hier, ich kann dich hier nicht gebrauchen«, sagte Buschi selbstbewusst zum Roten Tom. Das Rotkehlchen hob erstaunt den Kopf und meinte dann ungewöhnlich kleinlaut: »Aber es ist doch genug für uns alle da.«

»Weißt du, eigentlich müsstest du dich vor mir fürchten, denn ich bin für Vögel eine Gefahr. Eichhörnchen fressen manchmal auch Vogeleier oder Vogelkinder. Ich bin darin aber noch nicht geübt, da hast du Glück«, erwähnte Buschi beiläufig.

Der Rote Tom war sprachlos, spreizte sein Gefieder und flog beleidigt und hastig flatternd davon. Buschi hatte ihn nur necken wollen, doch der Rote Tom war wirklich eingschnappt. Erst nach ein paar Tagen sprachen sie wieder miteinander. »Du warst ganz schön frech, Kleiner«, meinte der Rote Tom immer noch verärgert. »Du weißt gar nicht, was es bedeutet, tagtäglich Futter suchen zu müssen. Egal, ob es regnet oder die Sonne scheint, immer schreien meine Kleinen nach ihrem Fressen.« Buschi schämte sich ein bisschen, aber er war auch stolz, dass er sich einmal gegen den Roten Tom durchgesetzt hatte.

Entdecke die Welt der Eichhörnchen

Meine Geschichte über fünf kleine Eichhörnchen beginnt in meinem Garten. Der befindet sich in Verberg, einem Stadtteil von Krefeld. Tatsächlich kamen dort einmal fünf Eichhörnchen zur Welt, ein kleiner Eichhörnchenjunge und vier Mädchen. Ich habe sie und ihre Mutter mehrere Monate beobachtet. Ich erinnere mich noch, es war Winter, Ende Januar. Das ist genau die Zeit, in der Eichhörnchen ihre Junge bekommen.

Die Eichhörnchenmutter hatte vorher schon für ihre Kinder ein kugelförmiges Nest gebaut, das innen hohl war. Meistens liegt es ganz oben in einem Baum, auf einer Astgabel, wie bei den Vögeln. Man nennt das Nest Kobel. Es besteht aus kleinen Zweigen, Blättern, Moos, Knospen, Nadeln und Stückchen von Baumrinde.

Zum Schutz ihres Nachwuchses vor Mardern, Greifvögeln und Katzen, baut die Eichhörnchenmutter direkt mehrere Ersatzkobel, sollte das Nest mal angegriffen werden. Jeder Kobel hat sogar einen separaten Ein- und Ausgang. Doch da die Kiefer in meinem Garten das ganze Jahr über ihre grünen Nadeln behält, bot dieser Baum der Eichhörnchenfamilie ein ideales Versteck.

Wenn die Eichhörnchenbabies zur Welt kommen, sind sie noch sehr klein, nur 6 Zentimeter lang und dazu blind, ganz nackt und nur 9 Gramm schwer. Ein erwachsenes Eichhörnchen wird bis zu 25 Zentimeter lang und wiegt zwischen 200 bis 450 Gramm. Nach etwa 20 Tagen bekommen die Babies ihren ersten weichen pelzigen Flaum und ihre ersten Zähnchen. Erst ungefähr vier Wochen nach ihrer Geburt öffnen sie ihre Augen.

Ein Eichhörnchenjunge wird Bock genannt und die Eichhörnchenmädchen nennt man Fähen. Die Eichhörnchenmama säugt ihre Babies in den ersten Wochen und kümmert sich sehr liebevoll um sie. Zwischendurch verlässt sie dann das Nest, um Futter für sich und wenn die Kleinen keine Muttermilch mehr trinken, dann auch für ihren Nachwuchs zu suchen. Auch muss sie hin und wieder den Kobel ausbessern.

Du fragst dich jetzt vielleicht, was wohl der Eichhörnchenvater eigentlich macht. Also, das ist bei den Eichhörnchen ganz anders als bei uns Menschen. Die Eichhörnchenväter werden, spätestens nach der Geburt des Nachwuchses, von ihren Weibchen aus dem Kobel vertrieben. Die Männchen bauen sich dann einen eigenen Kobel oder bewohnen verlassene Nester und suchen sich bald andere Partnerinnen. So hat der Eichhörnchenvater mit der Aufzucht von seinen

Kindern nichts zu tun. Nur wenn es im Winter ganz extrem kalt ist, wärmt er sich gemeinsam mit seiner Familie im Kobel. Dann liegen alle eng aneinander gekuschelt und die buschigen Schwänze dienen als wärmende Decken.

Nach 50 Tagen verlassen die jungen Eichhörnchen den Kobel. Sie haben nun ein fuchsbraunes Fell, auch der Schwanz ist in dieser Farbe und ganz buschig, nur die Brust und der Bauch sind weiß. Nach etwa 60 bis 70 Tagen säugt die Eichhörnchenmutter ihre Kinder nicht mehr. Die sind nun so beweglich wie sie und springen von Baum zu Baum und kümmern sich selber um ihre Nahrung.

Die Wintervorräte der Eichhörnchen

Wenn der lang ersehnte Frühling endlich da ist, rupfen wir Gartenbesitzer dicke Sträuße von Walnusskeimlingen, mitsamt der Wurzel, aus dem Boden. Vielleicht hast du das auch schonmal beobachtet. Die Eichhörnchenmutter hatte die Walnüsse im letzten Herbst und Winter fleißig überall hier in meinem Garten verteilt und vergraben. Da waren ihre fünf Eichhörnchenkinder noch nicht geboren.

Oft hängt noch die geöffnete Nussschale mitsamt der Wurzel an dem winzigen Walnussbäumchen.

Wären diese Keimlinge nicht regelmäßig von mir entfernt worden, dann stände in meinem wunderschönen großen Garten statt einem Walnussbaum bald ein dichter Walnussbaumwald. Die Eichhörnchen hätten im Paradies gelebt! Doch stattdessen wird über verschiedene Baumarten geklettert und gesprungen.

Mit Vorliebe vergraben die Eichhörnchen mit ihren geschickten Vorderpfoten, die sie wie kleine Menschenhände benutzen, viele der gesammelten Nüsse für den Wintervorrat. Dabei sind die Vorderpfoten mit vier und die Hinterpfoten mit fünf Krallen sehr nützlich. Manchmal vergessen die Eichhörnchen, wo sie die Nüsse versteckt haben. Im Notfall, bei großem Hunger, würden sie aber die meisten Nüsse wiederfinden.

Der Goldene Pfeil

In dem Garten gab es auch einen Teich. Die Menschenfamilie, die in dem Garten wohnte, hatte ihn selbst gegraben. Buschi wusste das von seiner Mutter. Sie hatte die Menschen im vorigen Sommer dabei beobachtet. Der Teich war nicht sehr tief, trotzdem verbot sie ihren Kindern, über dem Teich auf den Bäumen herumzutollen. Wie leicht konnten sie hineinfallen. Doch Buschi war trotzdem neugierig. In dem Teich schwammen viele Goldfische und jetzt im Frühling war er von blühenden Blumen und Sträuchern umgeben. Der größte Fisch wurde Buschis Freund. Sein Name war Goldener Pfeil. Buschi unterhielt sich gerne mit ihm. Der Fisch erzählte

ihm lustige Geschichten über das Leben im Teich. Außerdem schien er immer gute Laune zu haben, ganz anders als der Rote Tom.

Eines Tages kreiste ein Fischreiher über dem Garten und erspähte die Fische. Er freute sich auf einen großen Leckerbissen und landete direkt im Teich. Während er mit seinen langen Beinen im Wasser stand, schnappte er mit seinem Schnabel nach einem Fisch. Buschi hatte alles beobachtet und lief schnell die Kiefer hinunter. Da! Der Goldene Pfeil zappelte im Schnabel des Reihers. Buschis Herz klopfte ganz wild vor Aufregung.

»Hau ab, du Räuber«, brüllte er wütend. »Lass meinen Freund frei!«

»Ich habe ihn doch schon im Schnabel«, erwiderte der Reiher schon im Flug. Doch während er sprach, öffnete er seinen Schnabel zu weit und der Fisch sprang zurück ins Wasser.

Der graue Reiher fluchte zornig und kehrte zurück in den Teich. Er tauchte seinen Schnabel tief ins Wasser, doch der Goldfisch war schnell zum Boden des Teichs geschwommen und versteckte sich im Schlamm. Auch die anderen Fische waren zusammen mit dem Goldenen Pfeil abgetaucht. Der Reiher sah Buschi böse an und flog davon.

Langsam kamen die Goldfische wieder an die Oberfläche. »Beinahe wäre es zu spät gewesen. Du bist wirklich noch zur rechten Zeit gekommen und hast mich gerettet«, bedankte sich der Goldene Pfeil bei Buschi. Noch viele Tage sprachen alle Tiere, die im Garten wohnten, ganz aufgeregt über Buschis Heldentat.

Endlich auf flotten Pfoten unterwegs

Buschi und seine Schwestern waren nun 70 Tage alt und endlich erwachsen. Ab jetzt mussten sie sich ganz alleine um ihr Futter kümmern, doch ihre Mutter hatte sie ja gut darauf vorbereitet. Buschi wusste jetzt, wo er leckere Happen finden konnte. Auch hatte er inzwischen den See hinter dem Garten erkundet und dort neue Freunde gefunden. Doch oft unternahm er auch etwas zusammen mit seinen Schwestern.

Eigentlich verstanden sich die Geschwister ganz gut. Doch manchmal stritten sie sich auch, wenn es um den gemütlichsten Schlafplatz im Kobel ging. Oder wer von ihnen die ausgefallensten Nussverstecke fand, oder wer am häufigsten mit ihrer Mutter schmusen durfte. Ja, manchmal war es gar nicht so einfach, Geschwister zu haben. Doch Buschi fand, dass es mit den Vieren meistens schön war. Besonders dann, wenn sie zusammen Nachlaufen spielten und dabei tollkühne Sprünge übten.

»Sollen wir wieder ein Wettrennen machen«, fragte eines Tages die hübsche Lotte. Ihr war schnell langweilig und so dachte sie sich immer etwas aus und sorgte so für gute Stimmung. »Ich bin dabei«, rief die unternehmungslustige Hanni. Sie war oft sehr tollkühn und dabei unvorsichtig. Das machte ihrer Mutter große Sorgen.

Moni liebte es eher gemütlich, aber jetzt war auch sie sofort Feuer und Flamme und sah die anderen erwartungsvoll an. Nun galt es noch Anne zu überzeugen. Die war manchmal unentschlossen, doch gutmütig und immer verlässlich. »Okay, warum nicht«, sagte sie sehr ruhig.

Buschi war schon ganz ungeduldig. Er war sofort begeistert gewesen, denn er hatte immer Lust etwas zu unternehmen und war für jeden Spaß zu haben. Aber er war auch ehrgeizig und wollte immer der Beste sein. »Los geht's Mädels«, spornte er seine Schwestern an.

Ihre Mutter guckte dem wilden Treiben aufmerksam zu. Sie saß hoch oben auf ihrem Lieblingsbaum, einer von drei hohen, zusammenstehenden Birken. Von dort hatte sie die beste Sicht über den Garten.

Die fünf sprangen in Windeseile von Baum zu Baum. Zuerst erklommen sie die neben der Kiefer stehenden Jasmin- und Fliedersträucher. Dann ging es über einen weißblühenden Süßkirschbaum zu den Haselnusssträuchern direkt zu dem See hinter dem Garten. Über eine Birke und Rotbuche gelangten sie – kopfüber den Stamm runter- und wieder hinaufkletternd – voran und mit viel Schwung, wie kleine Affen, flogen sie durch die Luft von Baum zu Baum, von Ast zu Ast.

Dank ihrer stark abgerundeten spitzen Krallen waren ihre Sprünge ganz schön treffsicher, zumal sie durch ihre buschigen Schwänze auch das Gleichgewicht gut halten und perfekt ihren Körper steuern konnten.

Dabei feuerten sich die Schwestern gegenseitig an: »Beeilen wir uns, sonst holt uns Buschi wieder ein!«

Denn so geschah es meistens. Die Schwestern waren zwar geschickter als Buschi, aber er schaffte es, durch die Kraft seiner Hinterbeine, alle vier zu überholen.

»Wie gemein, Buschi hat wieder gesiegt«, schnalzte Anne.
»Kein Wunder, nur weil er mehr Kraft hat als wir Vier«, beschwerte sich Moni.
Neben einem Beet aus lauter dunkelrot blühenden Rosen, welches von blauem Lavendel eingerahmt war, befand sich eine Wassertränke. Durstig stürmten sie hin, stellten sich auf den Rand des Beckens und beugten sich zum Trinken nach vorne. Dabei zeigten ihre buschigen Schwänze nach oben und ihre Ohren waren gespitzt. »Passt gut auf, dass uns keine Feinde angreifen«, warnte Buschi. Ihre Mutter rief zu ihnen herüber: »Denkt daran, ihr müsst mit euren Augen immer die Umgebung im Blick behalten. Und fallt nicht ins Wasser«, fügte sie noch hinzu.
Wie oft hatte ihre Mutter sie gewarnt: »Ihr könnt zwar problemlos von Ufer zu Ufer schwimmen, bei glatten Beckenrändern ist es aber schwierig sich in Sicherheit zu bringen. Im schlimmsten Fall, müsst ihr dann jämmerlich ertrinken.« Buschi bemerkte, dass die Menschen an der Tränke einen Ast schräg in das Becken gelegt hatten, damit Tiere sich selbstständig be-

freien konnten, wenn sie aus Versehen hineinfielen. Der wäre im Notfall auch für uns hilfreich, dachte Buschi.

Lotte und die Krähe

Eines Tages sprangen die Schwestern und Buschi wieder ausgelassen durch den Garten. Als sie gerade bis in eine Baumkrone geklettert waren, hörten sie über sich Flügelschläge. Sie spähten hoch und sahen, wie sich ein großer häßlicher Vogel mit weit offenem Schnabel auf Lotte stürzte.

»Ich packe dich und fliege dann mit dir zu meinem Nest«, kreischte der Vogel.

»Lass meine Schwester in Ruhe! Wer bist du überhaupt«, schrie Buschi ihn an.

»Ich bin eine Krähe«, krächzte der Vogel. Er packte Lotte mit seinen scharfen Krallen und wollte sie hinauf in den Himmel tragen. Lotte zappelte und strampelte aber so wild, dass die Krähe sie wieder losließ.

Kopfüber und aus schwindelerregender Höhe landete Lotte auf dem Rasen, wo sie liegen blieb.
«Helft mir, ich kann mich nicht bewegen!«, rief sie schrill.
»Im Notfall finden wir Eichhörnchen Hilfe bei den Menschen«, hatte ihre Mutter einmal erzählt.
So rannte Buschi schnell neben Lotte und nahm ihren Nacken vorsichtig zwischen seine Zähne. Behutsam zog er sie zur Holzterrasse, die zum Wohnhaus der Menschen gehörte.
»Sie werden dir bestimmt helfen«, beruhigte er Lotte.
Und tatsächlich ging schon bald die Terrassentür auf und Buschis kleine Schwester wurde ins Haus geholt. Neugierig stellte er sich auf seine Hinterbeine und guckte durchs Fenster. Sie wurde zuerst liebevoll verarztet, dann bekam sie Wasser zu trinken. Buschi war erstmal beruhigt, dass man sich so fürsorglich um sie kümmerte.
Ihre Mutter aber war sehr besorgt und sie warteten voller Unruhe viele Tage. Dann endlich öffnete sich die Tür zum Garten und Lotte wurde auf den Rasen gesetzt. Ihre Mama war sehr erleichtert und sprang voller Freude zu ihr. Aufgeregt umringte die ganze Eichhörnchenfamilie Lotte.
»Du bist ja wieder fast die Alte, die Wunden sind wirklich gut verheilt. Nur dein Fell ist noch ganz zerzaust«, rief Buschi überglücklich.
»Aber das Wichtigste ist, dass du noch lebst. Wir sind so froh, dass du wieder bei uns bist«, sagte ihre Mutter liebevoll.

Unsere Mutter hat Große Angst

In Buschis kleiner Familie hatte bisher nur seine Schwester Lotte eine schlimme Erfahrung gemacht.
Aber eines Tages passierte etwas, was keiner von ihnen erwartet hatte. Ihre Mama hatte den Kobel verlassen und wollte die Kiefer hinunterspringen, als plötzlich ein Ast unter der Wucht ihres Sprunges abbrach. Sie konnte keinen Halt finden und fiel aus der Kiefer in den darunterliegenden Teich. Das Wasser spritzte zu allen Seiten. Sie schwamm verzweifelt hin und her,

konnte sich aber nicht ans Ufer retten. Der Teich war mit einer Folie ausgelegt und die Ränder waren zu glatt.
Bald war sie vom Schwimmen so müde, dass sie eine Weile unter der Wasseroberfläche blieb, um dann mit neuem Überlebenswillen und letzter Kraft weiterzuzappeln, um nicht zu ertrinken. Der Goldene Pfeil, der mit seinen großen Augen aus dem Wasser schaute, konnte ihr nicht helfen. Buschi lief aufgeregt zum Rand des Teichs, aber auch er wusste nicht, was er tun sollte. Doch da fiel ihm ein, er brauchte einen großen Ast. Hektisch sah er sich um. »Hilfe, hilf mir!«, schrie seine Mutter verzweifelt. Das hörte ein Mäusebussardweibchen.
»Du kommst mir wie gerufen«, kreischte sie, als sie die hilflose, leichte Beute unter sich sah. Mit kräftigem Flügelschlag stürzte sie sich hinunter, packte die Eichhörnchenmutter mit ihren Krallen und flog direkt auf ihren Baum zurück. Dort befand sich ihr Horst und ihre hungrigen Jungen warteten schon.

»In der Natur geht es oft grausam zu, entweder fressen oder gefressen werden«, hatte Buschis Mutter ihn oft gewarnt. Jetzt war sie zwar vorm Ertrinken gerettet, aber was kam nun Schreckliches auf sie zu? Entschlossen trommelte Buschi schnell seine Schwestern Hanni, Moni, Anne und Lotte zusammen. Sie näherten sich mutig und zu allem entschlossen dem Bussardnest. Kurz davor begannen sie laut zu schreien: »Attacke, wir greifen an!«

Damit wollten sie insbesondere die Bussardmama ablenken, aber auch die Bussardkinder waren von ihrem Geschrei ganz verängstigt. Die Eichhörnchengeschwister bedrohten abwechselnd mit klopfendem Herzen die Jungvögel, indem sie in einer unglaublichen Geschwindigkeit um das Nest herumsprangen und schnalzende Laute und Schreie ausstießen.

»Fahrt zur Hölle«, brüllte Lotte. »Euch soll der Marder holen«, schrie Hanni. »Nein, der Habicht«, rief Moni. »Kampf gegen alle Vögel«, forderte Anne. »Wir retten dich, Mama«, rief Buschi voller Wut.

Die Sorge um ihre Jungen war so groß, dass die Bussardmutter schließlich ihre Krallen von ihrer Mama löste, um sie zu verjagen. Entsetzt sahen sie, wie ihre Mutter im freien Fall Richtung Boden fiel.

»H i i i l f e«, hörten sie sie noch rufen.

Doch sie hatte ganz großes Glück und landete auf weichem Moos.

»Wie konnte mir das passieren, fast hätte es geklappt«, ärgerte sich die Mäusebussardmutter und versuchte gleichzeitig ihre aufgeregten Jungen zu beruhigen.

»Mama hat es geschafft, sie lebt«, schallte Buschis triumphierender Ruf durch den Garten. Blitzschnell waren sie vom Baum runtergesprungen und umringten ihre Mutter überglücklich. Schnell brachten sie sich in ihrem Kobel in Sicherheit. Alle waren sehr erleichtert und kuschelten sich eng an ihre Mutter.

»Das ist ja gerade nochmal gut gegangen«, seufzte ihre geliebte Mutter.

Nach einigen Tagen, als sie sich alle nach dem aufregenden Abenteuer ein wenig beruhigt hatten, sammelte die Eichhörnchenmama ihre Kinder um sich und teilte ihnen liebevoll mit, dass sie nun alt genug wären, um alleine ihr Leben zu meistern. »Aber seid vorsichtig und gebt immer acht, ob vielleicht ein Raubvogel oder eine Katze in der Nähe ist, denn ihr habt ja gesehen, wie knapp ich nur mit dem Leben davongekommen bin. Es dauert nicht mehr lange, dann habt ihr eigene Kinder, die ihr großziehen werdet.«

Es ist Herbst, jetzt beginnen die Vorbereitungen für den Winter

Inzwischen war es Herbst und die Blätter fielen von den Bäumen. Buschis Mama hatte ihren Kindern viel über Pflanzen und Bäume beigebracht. Jetzt mussten sie noch lernen, genügend Vorrat für den Winter zu sammeln. Buschi war gerade erfolgreich bei der Futtersuche gewesen und vergrub eine Walnuss unter der Kiefer.

Sein Freund, der Goldene Pfeil schaute neugierig aus dem kleinen Teich.

»Was machst du eigentlich im Winter «, fragte Buschi den Goldfisch.

»Wenn es kälter wird, lasse ich mich in den kuschelig warmen Schlammboden des Teichs sinken und verfalle in einen Winterschlaf. Bis der warme Frühling wiederkommt, bewege ich mich fast nicht mehr. So brauche ich auch kaum Futter. Meine Eltern und Geschwister machen es genauso«, sagte der Goldene Pfeil.

Eine Biene saß auf einer weißen Asternblüte am Teich und lauschte aufmerksam ihrem Gespräch.

»Und du kleine Biene, wie überwinterst du«, erkundigte Buschi sich neugierig.

»Siehst du den Baum dort, der ist innen hohl. Dort wärmen wir Bienen uns im Winter gegenseitig mit unseren Körpern und verzehren unseren Honig, den wir im Sommer gesammelt haben. Wir halten also keinen Winterschlaf, wie viele andere Tiere«, sagte die Biene zu Buschi.

Ein Hase mischte sich in ihr Gespräch: »Erinnert mich nicht an den Winter, denn er ist für mich eine harte Zeit. Ich halte keinen Winterschlaf und muss oft lange nach Nahrung suchen. Ich fresse nur Pflanzen und im Winter gibt es nur wenige. Noch viel schlimmer ist, wenn es Schnee und Eis gibt, dann ist alles bedeckt und der Boden ist hart. Im Winter bekomme ich immerhin ein dickeres Fell und bin dadurch vor der Kälte geschützt. Ich schlafe in windgeschützten Mulden, in geduckter Haltung«, schloss der Hase seine lange Erklärung.

»Brrr, also das wäre mir zu kalt«, wandte Buschi sich an den Hasen. »Wir Eichhörnchen schlafen in unserem gemütlich warmen Kobel. Doch halten wir keinen Winterschlaf, aber sehr aktiv sind wir auch nicht. Deshalb sammle ich jetzt im Herbst einen Futtervorrat aus Nüssen, Pilzen und Samen an. Diese vergrabe ich im Boden oder verstecke sie in Spalten. Davon ernähre ich mich im Winter, wenn mich der Hunger überkommt.«

»Ja, du warst ganz schön fleißig«, hörten sie eine Stimme über sich. Eine Nuss fiel krachend auf den Rasen und eine noch junge schwarze Krähe landete neben dem Teich und nahm ungefragt an ihrer Versammlung teil. »Wenn du so weiter machst, komme ich gut durch den Winter«, plapperte der Vogel weiter.

»Du gemeiner Dieb«, brüllte Buschi wütend. Er hatte nicht gemerkt, dass die Krähe seine Wintervorräte stahl. Dabei hatte er sich soviel Mühe gegeben und war vorsichtig gewesen.

Die Krähe lachte triumphierend und Buschi wurde noch wütender.

»Ich dachte ihr Krähen fliegt in den Süden«, fragte seine Schwester Lotte, die zusammen mit ihren Schwestern gemütlich auf einem Ast über der Versammlung saß. Sie hatte die Krähe argwöhnig gemustert, doch die Krähe war noch jung und unerfahren und daher für die Eichhörnchen nicht gefährlich.

»Ja, wir Krähen sind Zugvögel und fliegen in den warmen Süden, dort gibt es immer genug zu fressen. Ich bleibe allerdings hier, denn ich finde im Winter genug zu fressen. Ich ernähre mich von tierischer und pflanzlicher Nahrung und stibitze auch schonmal fortgeworfenes Essen aus Papierkörben«, sagte die Krähe und sah Lotte herausfordernd an.

»Dich würde wirklich keiner vermissen«, piepste eine Amsel spöttisch. Sie war unbemerkt herangekommen. »Du störst mich nur, wenn ich im Winter nach Insekten, Beeren und Würmern suche.«

Sie hatte kaum zu Ende gesprochen, als ein dunkler Schatten auf ihre Versammlung fiel. Ein großer, grauer Vogel, mit S-förmigem Hals und lang gestreckten Beinen, landete direkt neben dem Goldfischteich.

»Was willst du denn hier?«, fragte Buschi den Fischreiher misstrauisch. Ihr letztes Treffen war ihm immer noch in Erinnerung. Auch der Goldene Pfeil und die anderen Fische im Teich schauten voller Unruhe auf den großen Vogel.

»Ich bereite mich auf eine lange Reise vor, denn ich bin ein Zugvogel. Morgen beginne ich meinen Flug nach Afrika. Doch ich muss mich vorher noch satt fressen, damit ich dafür genug Kraft habe. So ein Fisch käme mir jetzt gerade recht.« Schnell wandte er sich dem Teich zu, doch der Goldene Pfeil und die anderen Fische waren schon zum rettenden Boden abgetaucht.

»Fresse dich woanders satt«, stellte sich Buschi dem Fischreiher frech entgegen. Auch die anderen Tiere sahen den Vogel drohend an. Doch der grinste nur und während er schon zum Fliegen ansetzte, rief er noch: »Machts gut, bis zum nächsten Frühjahr!«

Der Reiher flog also nach Afrika. Wo das wohl war? Es hörte sich nach einem Abenteuer an und Buschi war ein bisschen neidisch. Nachdenklich machte er sich weiter auf die Suche nach Futter für den Winter.

Wo fühlen sich Bienen besonders wohl?

In meinem Garten gibt es im Frühling und Sommer viele blühende Bäume, Sträucher und Blumen. Schon zeitig im Frühjahr sind dort Bienen unterwegs und überall höre ich ihr Summen. Die Bienen werden durch den Duft der Pollen in den Blüten angelockt.

Emsig klettern die Bienen in die Blüten und die Blütenpollen bleiben an den feinen Haaren ihres Fellkleides hängen. Wenn sie dann weiter von Blüte zu Blüte fliegen, bestäuben sie mit den hängengebliebenen Blütenpollen die anderen Blüten und befruchten sie. Nur dadurch können sich überhaupt Samen und Früchte an Bäumen und Sträuchern bilden und sich Gewächse vermehren.

Die Bienen sind sehr wichtig, denn da sich Blüten nicht von der Stelle bewegen können, übernehmen die Bienen die Bestäubung. Ohne die unermüdliche Arbeit der Bienen, könntest du zum Beispiel im Sommer keine Erdbeeren und Pflaumen essen oder Äpfel und Birnen.

In den letzten Jahren starben jedoch viele Bienenvölker, weil in der Landwirtschaft und auch in Gärten Pestizide eingesetzt werden. Pestizide sind Gifte zur Schädlingsbekämpfung von Pflanzen. In meinem Garten verwende ich natürlich keine Pestizide, denn ich weiss, wie wichtig diese fleißigen Bienchen sind. Ich achte sehr darauf, dass die Bienen in meinem Garten viele verschiedene Blumen finden, damit sie sich hier wohlfühlen.

Storch

Graugans

Entdecke die Krefelder Vögel

Im Herbst, wenn es langsam kälter wird, sammeln sich viele Vögel an bestimmten Stellen und fliegen zusammen in den wärmeren Süden. Diese Vögel nennt man Zugvögel. Dazu gehören Störche, Kraniche, Milane, Stare, Bussarde, Mauersegler, Kiebitze, Lerchen, Kuckucke, Nachtigallen und Rauchschwalben. Im Spätherbst nehmen sie den sehr anstrengenden, langen Flug auf sich, weil sie hier im Winter nicht genug Nahrung finden. Oft fliegen sie bis nach Afrika. Vor ihrem gefährlichen Aufbruch kräftigen sie sich mit Beeren, Pflanzensamen und Insekten. Störche, Milane und Bussarde sind Fleischfresser und stärken sich zum Beispiel mit Fischen, Eiern, Jungvögeln, Insekten und Mäusen. Dann fliegen sie los, meist in einer V-förmigen Formation, mit dem widerstandsfähigsten Vogel an der Spitze, zu vielen unterschiedlichen Zielen. Wenn der Vogel an der Spitze ermüdet, wird er von einem anderen Vogel abgelöst.
Im Frühling kommen sie alle wieder zurück. Dann hört man sie schon am frühen Morgen singen, zwitschern, pfeifen und tirilieren.
Aber nicht alle Vögel verlassen Deutschland im Herbst. Viele trifft man das ganze Jahr über in unserem Garten an. Dazu gehören Vögel wie Rotkehlchen, Amseln, Zaunkönige, Meisen, Haussperlinge, Buntspechte, Tauben, Elstern, Rabenkrähen, Habichte und Waldkauze. Sie sind robuster und

Blaumeisenmännchen

Amselmännchen

können deshalb auch die kalten Temperaturen im Herbst und Winter und die Nahrungsknappheit besser aushalten.
Wir Menschen und Vogelfreunde sollten Futterhäuser in unseren Gärten platzieren und mit Körnern, Haferflocken, Rosinen und Sonnenblumenkernen füllen. Auch Meisenknödel, die getrocknete Insekten enthalten, sind besonders geeignet. So helfen wir den Vögeln, gut über den Winter zu kommen.
Auch Stockenten, Schwäne, Graugänse und Kanadagänse beobachte ich hier das ganze Jahr über in Verberg, am See hinter meinem Haus. Grau- und Kanadagänse sind die häufigsten Gänsearten in unserer Region.
Als Zugvögel und Wintergäste kommen zusätzlich vom Norden und Nordosteuropa Bläss- und Saatgänse zu uns. Du kennst vielleicht die Geschichte von Nils Holgerson, der mit den Gänsen von Schweden aus in den Süden flog.
Auch Graureiher sind Zugvögel, doch hier am Niederrhein sind sie jetzt auch das ganze Jahr anzutreffen. Nur manchmal noch sieht man sie im Winter Richtung Süden fliegen, wenn es bei uns bitterkalt ist und Schnee liegt. Das liegt an den veränderten Klimabedingungen, da die Winter bei uns nicht mehr so kalt sind, verzichten nämlich viele Vögel auf den weiten Flug in den warmen Süden.

Die Nachbarn vom See – die Nutrias

Nachdem Buschi wusste, dass die kleine Krähe seine vergrabenen Nüsse aus den Verstecken stahl, gab er sich mehr Mühe. Als er wieder mal eine Walnuss in der Nähe des Gartens vergrub, raschelte es hinter ihm.
»Was machst du denn da?«, fragte ihn Sophie neugierig. Sie gehörte zu einer Nutriafamilie, die am großen See unter frei liegenden Erlenwurzeln wohnte. Er hatte sie schon vor ein paar Monaten kennengelernt und sie hatte ihm viele Geschichten über alles, was am See so passierte, erzählt. Sie war ja ganz nett, aber sie redete einfach viel zu viel. Buschi wurde dann meist ganz ungeduldig.
»Ich sammle Futter für den Winter«, antwortete er nur kurz, denn gerade jetzt wollte er sich nicht stören lassen.
Sophie lächelte ihn an: »Hey, sei nicht so griesgrämig. Komm mit! Ich zeig dir was.«
Er folgte ihr zum See und sie beobachteten, wie Sophies Familie von einer Spaziergängerin mit Möhren gefüttert wurde. Mit einer Länge von ungefähr 50 Zentimetern, saßen die Nutriaeltern aufrecht wie Hamster. Mit ihren Pfoten hielten sie je eine Möhre und knabberten an ihr, die Kleinen daneben machten es ihren Eltern nach.
»Möchtest du mal probieren?«, fragte Sophie den nun doch neugierigen Buschi.
Natürlich wollte er! Sie sprangen zu Sophies Familie und Buschi biss mit seinen scharfen Zähnen ein großes Stück von einer der Möhren ab. Also wirklich lecker fand er die Möhre nicht, aber er wollte Sophie nicht enttäuschen. »Schmeckt interessant«, murmelte er wenig begeistert. »Bekommt ihr oft Futter von den Menschen?«, versuchte er das Thema zu wechseln.
»Ja, das ist besonders wichtig für uns im Winter. Aber wir finden auch genug im See, doch wenn er im Winter schon mal zufriert, wird das Futter knapp. Wir überwintern in unserer Höhle unter dem Baum.«

»Vielleicht sehen wir uns dann mal«, freute sich Buschi, eine Freundin während der langen Winterzeit treffen zu können. Er verabschiedete sich von Sophie und sprang zurück zu seiner Familie. Wie es wohl im Winter werden würde? So viele Tiere schliefen oder zogen weg, dahin wo es wärmer war. Doch da gab es ja noch immer seinen Freund den Roten Tom. Bei dem Gedanken an ihn und seine vier Schwestern, die schließlich auch noch da waren, wurde er wieder fröhlicher.
Doch er sollte sich täuschen, denn zwei seiner Schwestern machten sich noch vor dem Winter auf und verließen ihren Kobel. Aber wie kam es dazu?

Lerne die Niepkuhlen kennen

Von meinem Garten habe ich euch schon erzählt. Dahinter befindet sich ein schöner See. Er ist ein Teil von einer ganzen Seenkette, die Niepkuhlen genannt wird. Vor langer Zeit war das keine Seenkette, sondern ein Seitenarm des großen und bekannten Flusses Rhein. Die Seenkette ist ein typisches Erkennungszeichen für die schöne, grüne Stadt Krefeld und steht unter Naturschutz. Das bedeutet, die Menschen finden es besonders wichtig, diesen Teil Krefelds zu schützen. Der See hinter meinem Haus in Verberg heisst »Holtmoers«. Dort gibt es Stockenten, Schilfhühner, manchmal auch Schwäne, Frösche und Libellen. Viele Kanada- und Graugänse schwimmen hier schnatternd umher oder fliegen in Gruppen durch die Luft. Erlen und Weiden säumen das große Gewässer und bieten den Wasservögeln und ihren Nestern Schutz.
Im Frühjahr schwimmen dann die aus Eiern geschlüpften Küken hinter ihren Eltern her. Diese beschützen und behüten ihre Kleinen, denn Gefahren gibt es überall.
An der Holtmoers leben auch drei Hausgänse, die du auf dem Bild siehst. Sie waren im Herbst dem Kochtopf der nahegelegenen Gaststätte entkommen.
Hier leben auch die Nutrias. Nutrias werden auch Sumpfbiber genannt, dabei erinnern sie mehr an sehr große Meerschweinchen, zählen aber zur Familie der Biberratten und sind Nagetiere. Sie stammen ursprünglich aus Südamerika und können hier nur in Gewässern leben, wo die Winter mild sind und das Wasser nicht zufriert. Das würden sie nämlich nicht überleben. Außerdem müssen dort reichlich Wasserpflanzen wachsen, denn sie ernähren sich überwiegend von Pflanzen, aber auch von Muscheln und Insekten. Nutrias wiegen bis zu neun Kilogramm und werden bis zu 64 Zentimeter lang. Sie leben vorwiegend im Wasser und müssen dort zurechtkommen.

70
Grashüpfer

Moni und Anne verlassen ihr Zuhause

Es war ein kalter, aber sonniger Herbsttag und die Gärtner der Firma »Grashüpfer« arbeiteten beim Nachbarn im Garten. Sie harkten die Erde, schnitten Sträucher und Bäume und mähten ein letztes Mal den Rasen. Nach einigen Stunden waren die Männer fertig und sehr müde. Sie begannen die Gartenabfälle, die Harken und die Spaten auf den Wagen zu werfen. Moni und Anne hatten sich die ganze Zeit in der Nähe aufgehalten und den Männern bei der Arbeit zugesehen. Jetzt schwangen sie sich wie zwei Akrobatinnen über Bäume und Sträucher, bis sie neugierig über dem Lieferwagen halt machten. Ihre Mutter hatte sich hinter den beiden auf einem Ast niedergelassen und beobachtete sie gespannt. Moni und Anne sprangen auf den Wagen und tollten darauf herum. Plötzlich setzte er sich jedoch in Bewegung und fuhr vom Haus weg auf die Straße. Jetzt war noch Zeit vom Wagen zu springen. Was sollten sie tun? Anne und Moni sahen sich an. Sie waren bisher nicht besonders abenteuerlustig und waghalsig gewesen, wie ihre Geschwister Buschi, Lotte und Hanni. Aber jetzt bot sich eine gute Gelegenheit, Neues kennenzulernen. Noch vor dem langen Winter konnten sie endlich mal ein Abenteuer erleben. Sie hörten ihre Mama rufen: »Passt gut auf euch auf! Jetzt könnt ihr euren eigenen Weg gehen.« Nach einer langen Fahrt hielt der Lieferwagen an und Anne flüsterte Moni zu: »Aussteigen, aber schnell!« Sie sprangen beide vom Wagen aus auf eine Mauer und rannten über Stock und Stein davon. Sie überquerten gefährlich breite Straßen, auf denen viele Autos fuhren. Doch schließlich erreichten sie einen Park, in dem ein großes Gebäude mit hohen Türmen stand. Sie hörten aus dem alten Gemäuer wunderschöne Musik erklingen. Die riesige alte Eingangstür stand noch einen Spalt offen und so huschten Anne und Moni hinein. Sie balancierten, wie zwei Seiltänzerinnen, über den Handlauf einer Wendeltreppe bis in den Burgturm hinauf. Dort hatten sie einen sehr guten Platz und konnten weit in die Ferne schauen. Sie sahen einen Fluss in der Abendsonne glitzern. Auf der Wiese vor dem Fluss erblickten sie Schafe, Spaziergänger, Hunde und Radfahrer. Möwen, Grau- und Kanadagänse flogen zwischen den Wolken am Himmel.

Vom Turm aus konnten Anne und Moni auch hinunter auf einen großen Wassergraben schauen, auf dem Enten und Schwäne schwammen.

»Wenn Mama und unsere Geschwister das sehen könnten«, sagte Moni gücklich. Sie waren von diesem Abenteuer ganz begeistert. Plötzlich entdeckten sie zwei andere Eichhörnchen, die spiralförmig den Turm hochgeklettert waren.

»Komm Anne, wir stellen uns vor«, sagte Moni und fragte die beiden selbstbewusst. »Wie heißt ihr denn?«

»Ich heiße Max und das ist mein Bruder Leon«, antwortete der dicke Eichhörnchenbursche. »Wir wohnen mit unserer Mutter in einem Kobel, der sich in einem alten Stinkwacholder befindet. Der steht direkt hier am Burggraben.« Dabei deutete er mit seiner Pfote nach unten. Die beiden Schwestern sahen ihn erstaunt an. Was war wohl ein Stinkwacholder? Was ein Burggraben? Doch Anne und Moni trauten sich nicht zu fragen und so schwiegen alle vier Eichhörnchen für eine Weile. Da fasste sich Leon endlich ein Herz und fragte die beiden Schwestern: »Wir haben euch hier noch nie gesehen, wo kommt ihr denn her?«

»Wir kommen von weit her und wollen Neues erleben«, antwortete Anne etwas verlegen.

»Dann kommt mal mit, wir zeigen euch alles«, sagte Max begeistert. Zu viert sprangen sie eine Etage tiefer und kamen schließlich an einem zerbrochenen Fenster an.

»Hier ist es, folgt mir«, sagte er. Die Musik hörte man nun richtig laut. Hintereinander kletterten sie in einen großen Saal. Dort saßen viele Menschen, die dem Klavierkonzert fasziniert lauschten. Vorsichtig ließen sich die Eichhörnchen an einem Wandteppich hinuntergleiten und erreichten so den Boden des Saals. Nun hatten sie eine gute Sicht auf Schuhe, Beine und Rücken der Gäste, deren Handtaschen und viele Stuhlbeine. »Kommt mit, wir verstecken uns in der alten Ritterrüstung. Dort ist unser Lieblingsplatz«, flüsterte Max. Er erklomm die Rüstung zuerst, danach Leon und Anne. Doch als Moni dazustieß, fing die Rüstung an zu wackeln. Hin und her, erst nur ein wenig, doch dann – mit einem lauten Scheppern fiel sie schließlich um. Zerlegt in viele einzelne Metallteile lag sie nun auf dem

Boden und mittendrin vier erschrockene Eichhörnchen. Das Klavierspiel hatte abrupt aufgehört und alle Menschen guckten in die Richtung, wo der Krach hergekommen war. Viele waren sehr erschrocken und einige auch empört. Doch dann fingen die meisten an zu lachen. Da ergriffen die Vier die Flucht und kamen mit klopfendem Herzen wieder auf dem Burgturm an. »Hey, das war echt toll«, sagte Max begeistert. »Aber wir müssen jetzt schnell nach Hause, sonst gibt es Ärger mit unserer Mutter.«

»Sehen wir uns wieder?«, fragte Leon hoffnungsvoll.

»Ihr wisst ja, wo ihr uns finden könnt«, sagte Moni keck.

Als Anne und Moni wieder alleine waren, überfiel die beiden eine große Müdigkeit. Der Tag war wirklich sehr aufregend gewesen. Plötzlich hatten sie Sehnsucht nach ihrer Mutter und ihren Geschwistern. »Ich vermisse unser Zuhause«, murmelte Anne müde. Zusammengekuschelt schliefen Anne und Moni an diesem Abend in einem alten, nicht bewohnten Krähennest, das sich unterhalb der Turmspitze in einem Schießschacht befand. Es war hier sehr ruhig und mittlerweile brach die Nacht an. Der Himmel war sternenklar. Am nächsten Tag sprangen sie geschwind auf eine nahegelegene stattliche Eiche und kletterten den Stamm kopfüber hinunter. Nun schauten sie sich den Park näher an.

»Da seid ihr ja wieder, so ein Zufall«, sagte Anne erleichtert als sie auf Max und Leon trafen. Die beiden mochten es eher gemütlich, genau wie die beiden Schwestern. Die vier waren von nun an unzertrennlich und gemeinsam erkundeten sie weiter die Burg Linn, so hieß das alte Gebäude. Anne hatte nur noch Augen für den lebenslustigen Max und Moni für den galanten Leon. Auweia, da bahnten sich nach ihrem Weggang ja schon gleich neue Familiengründungen an! Sie hatten also den Rat ihrer Mutter befolgt: »Geht nun euren eigenen Weg!« Und so kam es auch.

Reise einmal zur Burg Linn

Die ursprüngliche Burg Linn wurde vor über 800 Jahren von den adligen

Herren von Linn erbaut. Die Burg sah damals ganz anders aus als die Burg, die du heute sehen kannst. Damals bestand die Burg nur aus einem mächtigen, mehrgeschossigen Turm, in dem man wohnen konnte. Er war von einem Wassergraben umgeben. Der diente als Schutz vor Raubrittern, damit die Burg nicht so einfach erobert werden konnte.

In den folgenden Jahrhunderten wurde die Burg mehrfach erweitert und ausgebaut. Zunächst wurde um den Wohnturm eine massive Mauer mit mehreren Türmen errichtet. Ein riesiges Falltor, das auch als Brücke benutzt wurde, konnte bei Gefahr einfach hochgezogen werden. Du siehst auf dem Bild, dass die Burg viel größer ist. Hier wohnten die Ritter mit

ihren Familien und es gab viele Mägde und Knechte, die in der Küche oder im Stall arbeiteten. Wenn es Krieg gab oder Räuberbanden in der Gegend waren, suchten viele Bauern aus der Umgebung Schutz in der Burg. Hinter den mächtigen Mauern waren die Menschen sicher. Aber Anfang des 18. Jahrhunderts gab es wieder einen Krieg und diesmal konnte die Burg nicht erfolgreich verteidigt werden. Sie wurde durch ein Feuer zerstört und blieb nur noch als Ruine bestehen.

Der Seidenfabrikant Isaak de Greiff kaufte 1806 die verfallene Burgruine und die große Fläche Land, die zu der Burg gehörte. Auch gab es dort noch ein Jagdschlösschen, welches 1740 errichtet worden war. Der reiche Vorbesitzer der Burg hatte dieses Schlösschen errichten lassen, um hier mit seinen Gästen auf die Jagd zu gehen.
1924 ging die Burg Linn schließlich in den Besitz der Stadt Krefeld über. Nach dem Zweiten Weltkrieg wurde die Ruine nach altem Vorbild zum Teil wieder aufgebaut. Heute kannst du sie besichtigen und dir auch einige Ritterrüstungen anschauen.

Seit einigen Jahren werden Burg und Umgebung für öffentliche Veranstaltungen genutzt. Im alten Rittersaal finden im Herbst und Winter klassische Musikkonzerte statt.
Am Pfingstwochenende kannst du jedes Jahr den Flachsmarkt besuchen, wo du viele verschiedene, alte und längst vergessene Handwerke aus vergangener Zeit, kennenlernen kannst. Du erlebst zum Beispiel, wie Flachs gesponnen, Glas geblasen, Holz bearbeitet oder Eisenwerkzeuge oder Hufeisen geschmiedet werden. Außerdem kannst du Ritterspiele hautnah bestaunen und Musik aus dem Mittelalter zuhören, die auf alten Instrumenten gespielt wird.

Moni zieht nach Uerdingen an den Rhein

Moni zog mit Leon etwas weiter weg, direkt an den Fluss, den sie vom Turm der Linner Burg aus gesehen hatte. Die Menschen hatten dem Fluss den Namen »Rhein« gegeben. Bei ihrer Suche nach einem passenden Ort für ein Nest waren Moni und Leon an einem großen Feld vorbeigekommen. Darauf wuchs kein Gras und keine Bäume. Trotzdem gruben einige Männer und Frauen mit Schaufeln in der Erde. Moni war sehr erstaunt. »Also wie Gärtner sehen die eigentlich nicht aus. Weißt du, was die da machen?«, fragte sie Leon.

»Die suchen etwas in der Erde«, antwortete er. »Ich habe sie schon oft beobachtet. Manchmal finden sie kleine Dinge und sammeln sie dort auf dem Tisch. Siehst du die Frau da. Sie versucht gerade eine Schale sauber zu machen. Die haben sie auch in der Erde gefunden.«

»Das ist aber seltsam«, staunte Moni. »Ich habe Menschen im Garten arbeiten sehen, weil sie Blumen oder Gemüse anpflanzen, aber hier wächst gar nichts. Wozu sie diese Dinge wohl brauchen, die sie da ausgraben?«
Das wusste Leon auch nicht und er wollte lieber weiter nach einer schönen Stelle für den Nestbau suchen. Er sprang davon und Moni folgte ihm schließlich, aber sie wäre gerne noch geblieben. Sie liefen weiter in Richtung des Flusses. Nach einer Weile sahen sie schon das Wasser glitzern.
»Stop!«, rief Leon. »Guck mal, die große Weide dort vorne.«
»Hier ist es aber schön«, schwärmte Moni. Sie waren sich einig. Der große Baum war der richtige Platz für den Nestbau. Außerdem hatte sie von dort einen tollen Blick auf den Fluss und die vielen Container-Schubschiffe, die fast pausenlos hin und her fuhren. Schon bald baute Moni mehrere Kobel und zog ihre drei Eichhörnchenkinder alleine groß. Leon war weitergezogen, so wie es Eichhörnchenmänner eben tun. Moni hatte hoch oben in der Weide gesessen und ihm einige Zeit nachgeblickt. Dann setzte sie sich gemütlich in die Sonne und genoss den wunderschönen Ausblick. Manchmal jedoch dachte sie an den schönen Garten in Verberg zurück und wie sie dort mit ihren Geschwistern herumgetollt war.

Sieh dir einmal Uerdingen an

Uerdingen wurde 1255 zur Stadt erklärt und ist erst seit 1929 ein Stadtteil von Krefeld. Das gefällt vielen Einwohnern von Uerdingen natürlich nicht, denn für sie ist Uerdingen immer noch eine eigenständige Stadt.
Die historische Stadt Uerdingen liegt direkt am Rhein. Durch diese günstige Lage ist sie reich geworden. Es fand hier damals schon ein reger Handel per Schiff mit anderen Städten statt. Wenn die Schiffe Krefelder Produkte, zum Beispiel Stahl, Lacke oder die berühmten Samt- und Seidenstoffe luden, mussten sie an die Stadt Uerdingen Zoll bezahlen.
Doch die Lage direkt am Rhein ist auch gefährlich. Wenn der Rhein Hochwasser hat, schließt die Stadt ihr Tor, um die Stadt vor dem Wasser zu schützen.

Römisches Militärlager und Friedhof in Gelduba

Vor 2000 Jahren gab es Deutschland noch nicht. Stattdessen lebten hier am Niederrhein germanische Stämme. Aber auch viele römische Soldaten waren hier. Zu der Zeit war das römische Reich die größte Macht in Europa und hatte mit seinen Soldaten einen großen Teil von Europa erobert und in Gellep Stratum (heute ein Stadteil von Krefeld), genannt Gelduba, stand ein großes Militärlager von ihnen. Im letzten Jahrhundert begannen Archäologen mit Schaufel und Spitzhacke nach Dingen in der Erde zu suchen, um herauszufinden, wie die Menschen vor vielen tausend Jahren in Krefeld gelebt hatten. Sie gruben auch in Gellep Stratum, dort, wo sie das römische Lager Gelduba vermuteten. Sie fanden Gegenstände aus dieser Zeit, darunter viele Schmuckgegenstände. Auch entdeckten die Archäologen bei Grabungen den Friedhof der römischen Soldaten, sowie Fundamente von Straßen und Gebäuden des römischen Militärlagers und einer Zivilsiedlung. Vieles kann man heute im Linner Museum bestaunen.

Als das römische Reich seine Macht verlor, übernahm der germanische Stamm der Franken (Franken bedeutet sinngemäß *die Kühnen* oder *die Mutigen*) die Macht in Gelduba. Sie benutzten den römischen Friedhof für ihre Bestattungen. So hat man auch das reichausgestattete Grab des fränkischen Fürsten Arpvar aus dem 6. Jahrhundert n. Chr. ausgegraben. Man fand zahlreiche Grabbeigaben wie Schmuck, Tongefäße und Waffen. Darunter war auch dieser wertvolle Goldhelm, der eines der berühmtesten Funde in Krefeld ist.

Hanni lernt die vier Wälle von Krefeld kennen

Die Mutter hatte Buschi, Lotte und Hanni erzählt, dass Anne und Moni mit dem Lieferwagen weggefahren waren. So verbrachten sie den Winter nur noch zu dritt. Doch Hanni war rastlos. Schließlich teilte sie ihrer Mutter und den Geschwistern mit, dass sie selbstständig werden wollte. Es war noch kalt und es lag auch ein bisschen Schnee. Traurig verabschiedeten sie sich voneinander. Noch lange sahen sie Hanni nach, die langsam in Richtung Moerserstraße davonsprang.

Der Abschied von ihrer Familie war Hanni sehr schwergefallen. Als sie aber dann an der Straße stand, freute sie sich doch, endlich unabhängig zu sein. Zuerst rannte sie Haken schlagend, wie ein Kaninchen, über die Fahrbahn, um dann direkt wieder zurück zu rennen. Ein großer Spaß. Aber sie wollte doch jetzt erwachsen sein, was sollte sie also tun? Sie schaute zu der Bushaltestelle. Schon oft hatte sie Menschen in einen großen Wagen einsteigen sehen. Gerade wartete dort eine alte Dame mit einer Einkaufstasche neben sich. Ohne nachzudenken, sprang sie in die Tasche. Die alte Dame hatte nichts bemerkt. Vorsichtig guckte Hanni heraus und wartete. Der Bus kam, die Dame stieg ein und stellte die Tasche auf den Nachbarsitz. Die Fahrt begann. Hanni war es nun doch etwas unheimlich. Was würde passieren? Mehrmals verließen Leute den Bus, und als die alte Dame ausstieg, schallte aus dem Lautsprecher: »Krefeld Ostwall!« Schnell sprang Hanni aus der Tasche. Hier waren aber viele Menschen, Autos, Omnibusse und Straßenbahnen! Gab es hier keine Bäume? Doch, da standen viele uralte Eichen und Buchen auf dem grünen Mittelstreifen. Sie ruhte sich etwas aus. Hier war alles anders als im Garten Zuhause, es war lauter und es roch auch anders. Doch sie fürchtete sich nicht vor Straßen oder Autos und erkundete neugierig die Umgebung. Es gab hier nur wenige Eichhörnchen, stattdessen Unmengen von laut gurrenden Tauben, ein Gewimmel von Spatzen und einige Singvögel. Hunde verschiedener Rassen wurden von ihren Herrchen spazieren geführt.

»Hey Eichhörnchen, was machst du denn hier auf dem Ostwall«, fragte ein dicker Dackel.
»Ich bin auf der Durchreise und möchte die Stadt kennenlernen«, antwortete Hanni. In dem Moment schnüffelte der Dackel am Boden des Ostwalls und machte ein großes Geschäft und bellte anschließend einmal kurz. Schnell hob sein Herrchen den Kot mit einer Tüte auf und warf ihn in einen Mülleimer.
»Igitt«, rief Hanni entsetzt.
»So bleiben die Grünstreifen sauber. Man muß auf die Spaziergänger Rücksicht nehmen. Es ist schon sehr unangenehm für einen Menschen in so einen Hundehaufen zu treten«, bemerkte der Dackel hochnäsig.
»Als Eichhörnchen habe ich dieses Problem nicht«, erwiderte Hanni immer noch bestürzt. Sie sprang davon und erreichte wieder eine große Straße mit einer Baumreihe in der Mitte.
Gerade als sie die Straße überqueren wollte, mal wieder ohne nach links und rechts zu gucken, hörte sie ein lautes anhaltendes Hupen. Sie erstarrte vor Entsetzen, denn nur 20 Pfotenlängen von ihr entfernt hielt ein riesiges Auto mit quietschenden Reifen. Ihr Schreck war so groß, dass sie erst einmal reglos auf der Straße liegenblieb. Ein Mensch in orangefarbener Kleidung stieg aus dem Wagen und ging auf sie zu. Als Hanni das bemerkte, wurde sie wieder lebendig und rannte schnell davon.
Der Müllmann rief ihr hinterher: »Kannst du nicht aufpassen, ich hätte dich fast überfahren!«

Ihre Mama hatte sie vor einer solchen Situation immer gewarnt: »Hanni, du kleine Abenteurerin, du musst achtsamer sein und mehr auf dich aufpassen und darfst auch andere nicht gefährden!« Der Schreck saß bei ihr so tief, dass sie den Spaß an ihrem Ausflug in die Stadt verloren hatte. Sie versuchte den Weg zurück zum Ostwall zu finden, dort wo die vielen Busse und Straßenbahnen abfuhren. Beim Überqueren der Straßen war sie aber jetzt so vorsichtig, dass ihre Mama sie bestimmt gelobt hätte. Neugierige Menschenblicke richteten sich auf sie. An einer Straßenbahnhaltestelle des Ostwalls stand eine junge Frau mit ihrem Baby im Kinderwagen. Zwischen den Rädern hing ein Korb. Dort sprang sie hinein und versteckte sich zwischen den vielen Sachen. Ein Mann half der Mutter, den Babywagen in die Bahn zu heben. So war Hanni wieder als blinder Passagier unterwegs und los ging die Fahrt. Wohin würde die Straßenbahn wohl fahren?

Straßenbahn Haltestelle

Ostwall

Nordwall

Hast du erkannt, wo Hanni ihre Abenteuer erlebt?

Es gab vor rund 200 Jahren einen Architekten mit Namen Adolph von Vagedes (1777-1842), der hatte die Idee, nach den vier Himmelsrichtungen einen Nord-, Ost-, Süd- und Westwall in Krefeld zu errichten. Auch heute noch lädt ein breiter Grünstreifen mit vielen Bäumen zum Spazierengehen ein. Die vier Wälle sind einzigartig und man kann sich dadurch als Fremder gut in der Stadt zurechtfinden. Viele Einkaufsläden säumten damals die Wälle, besonders der Ostwall war zum Einkaufen beliebt, das gilt zum Teil auch noch heute.
Die Damen der Stadt Krefeld sah man früher sehr elegant mit langen Kleidern und Hüten und die Herren mit Anzügen und Zylindern bekleidet durch die Stadt flanieren.

Rathaus

Meister Ponzelar Statue

Ecke Ostwall/Südwall steht eine Statue des für Krefeld typischen Webers »Meister Ponzelar«. Er trägt eine Stoffrolle über der Schulter. Die Statue erinnert an die besondere Zeit Krefelds um 1900, als der Beruf des Webers einer der häufigsten in dieser Stadt war. Viele Weber haben zu Hause gearbeitet. Dort stand ein Webstuhl und auch die Kinder mussten ihren Eltern beim Weben helfen. Es gab aber auch einige große Betriebe, in denen Stoffe hergestellt wurden.

Insbesondere war Krefeld für seine Seidenstoffe berühmt. Daraus wurden damals auch Krawatten genäht. Einige bekannte Krefelder Firmen stellten für ganz Deutschland 90 Prozent der Krawatten her. Doch heute tragen Männer kaum noch Krawatten und es gibt aktuell nur ganz wenige Betriebe, die noch Stoffe herstellen. Viele Stoffe werden jetzt in Asien hergestellt, denn dort ist es billiger.

Mittlerweile ist die Stadt Krefeld auch als Einkaufsstadt nicht mehr so beliebt, wie zur Zeit der Seidenindustrie. Viele Krefelder kaufen lieber in den umliegenden Städten ein.

Die Krefelder Politik bemüht sich sehr die Innenstadt Krefelds zu verschönern, so dass das Einkaufen hier wieder mehr Freude macht.

Südwall

Westwall

Kaiser Wilhelm Museum

Warum heißt Krefeld die Samt- und Seidenstadt

Im 18. und 19. Jahrhundert fand in Krefeld die größte Seidenstoffproduktion Deutschlands statt. Deshalb wurde sie auch die »Samt- und Seidenstadt« genannt.

Die Besitzer der Webereien, wo wunderschöne Stoffe für Kleider, Vorhänge, Möbel- und Autopolster hergestellt wurden, später auch Krawatten, nannte man »Seidenbarone«, denn sie waren sehr wohlhabend und einflussreich. Von Krefeld aus wurden die Stoffe und Textilien in ganz Deutschland, in Europa und sogar in der ganzen Welt gehandelt. Krefeld war eine wohlhabende und bekannte Stadt. Den damaligen Reichtum erkennt man auch heute noch an den zahlreichen klassizistischen Villen in der Stadt. Die größte davon ist wohl das heutige Rathaus. Einst wurde es von einer der reichsten Samt- und Seidenfabrikantenfamilie Krefelds, den »von der Leyen«, bewohnt. Es wurde von den Bürgern »das Stadtschloss« genannt. Hier fanden große Empfänge statt. Bekannte Komponisten, Dichter und Personen von Rang und Namen zog es hierher. Der »Baron« beschäftigte in seinen Fabriken die Hälfte der Krefelder Einwohner.

Der kinderlose »Seidenbaron« Wilhelm Deuß (1827-1911) vermachte der Stadt eine große Fläche Land, den Krefelder Stadtwald. Außerdem ein Ausflugslokal, das im Jugendstil erbaute Stadtwaldhaus. Zur Erinnerung und zum Dank an ihn steht dort der Deuß-Tempel und es ist dort in der Nähe auch eine Straße nach ihm benannt.
Nach dem Tod von Wilhelm Deuß genehmigte die Stadt Krefeld den Bau der an den Stadtwald grenzenden Pferderennbahn, eine der schönsten Galopprennbahnen Deutschlands.

Hanni zieht in das Hülser Bruch

Endlich kam die Endstation und alle stiegen aus. »Wir sind im Ortsteil Hüls«, schallte es aus dem Lautsprecher. Die Mutter hatte große Mühe, den vollgepackten Kinderwagen ohne Hilfe auf die Straße zu heben. Als sie endlich wieder im Freien standen, war es für Hanni an der Zeit, den Korb zu verlassen. Von dort aus lief sie zu einem großen Marktplatz mit einer Kirche. Hier war es nicht so laut und hektisch wie in der Stadt. Sie spitzte die Ohren und hörte, wie die Straßenbahn laut quietschend davonfuhr. Wenn das hier Hüls war, musste ganz in der Nähe das Hülser Bruch sein. Ihre Mutter hatte einmal davon erzählt und ihre Augen hatten geleuchtet. Sie war dort geboren worden und erst danach mit Hannis Vater weggezogen. Bald sah Hanni Wiesen, die noch unter einer Schneedecke lagen und dann einen Bauernhof. Sie fragte eine Feldmaus, wo das Hülser Bruch sei.

»Da bist du schon ganz richtig. Geh einfach weiter geradeaus«, sagte die Feldmaus. Erstaunt blickte sie Hanni hinterher, die schnell davonsprang.

»Hier ist es aber schön«, dachte Hanni. »An diesem Ort hat unsere Mutter also damals gelebt.« Die Tür zu einem großen Kuhstall stand gerade so weit offen, dass sie hineinschlüpfen konnte.

Dort standen einige Dutzend Kühe, die sie mit großen Augen anschauten. Inzwischen plagte Hanni schrecklicher Durst. Milch gab es hier in großen Mengen. Aber Kuhmilch dürfen Eichhörnchen nicht trinken, da sie dadurch Krämpfe und Bauchschmerzen bekommen können! Doch sie entdeckte einen tropfenden Wasserhahn, an dem sie ihren Durst löschen konnte. Jetzt konnte es weitergehen. Neben dem Kuhstall befand sich eine große Kiefer! Dort entdeckte sie hoch oben einen Eichhörnchenmann, der spöttich zu ihr runterschaute. »Du traust dir ja ganz schön viel zu«, rief er von oben herunter. »Du bist wohl neu hier?«

»Lass mich in Ruhe!«, fauchte sie ihn an. Sie hatte großen Hunger und war sehr müde nach diesen vielen Abenteuern. Der Eichhörnchenmann kletterte elegant von der Kiefer und sah sie hochmütig an. »Du bist wohl von

zu Hause abgehauen und weißt jetzt nicht weiter?«, fragte er mit einem arroganten Grinsen.
Jetzt reichte es aber! Was bildete der sich eigentlich ein. Hanni bebte vor Zorn und warf einen kleinen Tannenzapfen nach ihm.
»Hey, hey, schon gut. Reg dich nicht auf. Ich lade dich zum Abendessen ein. Es ist zwar noch Winter, aber ich habe jede Menge köstliche Nüsse versteckt. Na, was hältst du davon?« Sie war zu müde, um abzulehnen. Es stellte sich heraus, dass er eigentlich ganz nett war. Sein Name war übrigens Anton. Es dauerte nicht lange und Hanni baute neben dem Kuhstall in der großen Kiefer mehrere Kobel für ihre Kinder.

Reise doch mal nach Hüls und ins Hülser Bruch

Wie in Linn, stand auch hier in Hüls im Mittelalter eine alte Burg. Die gibt es nun nicht mehr. Stattdessen aber eine Burgruine von 1689. Hier wohnten die Ritter von Hüls.

Hüls hat einen mittelalterlichen Marktplatz. An dessen Rand steht die 1870 erbaute Kirche St.Cyriakus. Im Osten von Hüls schließt sich das Hülser Bruch mit samt dem Hülser Berg an. Beide Gebiete sind durch die Eiszeit geprägt. Die war hier in Krefeld vor etwa 140 000 Jahren. Das ist sehr lange her. Von gewaltigen Gletschern, dies sind aus Schnee hervorgegangene Eismassen, wurde Lehm und Gesteinsmaterial hierher aufgeschoben. So entstand der 63 Meter hohe Hülser Berg, die höchste Erhebung der Stadt Krefeld. Nachdem das Eis abgetaut war entstand das Hülser Bruch, ein Sumpfgebiet.

Das Hülser Bruch wurde dann ab 1830 bis 1930 durch Gräben entwässert. Diese Gräben kannst du heute noch sehen. Das Wort Bruch ist nämlich ein Begriff aus früherer Zeit, denn so wurden damals die Sümpfe mit Busch- oder Waldbestand bezeichnet, die es hier gab. Im 19. Jahrhundert fanden Aufforstungen statt, das bedeutet, dass Bäume neu gepflanzt wurden.

Der Hülser Berg verdankt das heutige Erscheinungsbild dem Seidenhändler Johannes Junkers (1828-1899). Er kaufte diese Fläche Land und veranlasste die Aufforstung, so dass wir ihm heute den größten Teil dieses stattlichen Waldes zu verdanken haben. Als Attraktion ließ er dort die Bergschänke und einen 25 Meter hohen stählernen Aussichtsturm, der nach ihm benannt war, auf dem höchsten Punkt des Hülser Bergs bauen. Nach seinem Tode vermachte Johannes Junkers in seinem Testament seinen gesamten Grundbesitz, den Aussichtsturm und die Bergschänke der Stadt Krefeld zur öffentlichen Nutzung. Der Turm musste allerdings am Ende des Zweiten Weltkrieges aus Sicherheitsgründen abgebaut werden. 1973 wurde er dann wieder neu errichtet.

Heute sind bei vielen Krefeldern das Hülser Bruch und der Hülser Berg ein sehr beliebtes Ausflugsziel. Es ist ein Naherholungsgebiet und lädt zum Wandern, Radfahren und Reiten ein. Mitten im Wald befinden sich weitläufige Wildgehege mit Wildschweinen und zwei verschiedenen Hirscharten, dem Dam- und dem Rotwild. Die kann man aus der Nähe beobachten, denn sie kommen direkt an den Zaun. Füttern darf man sie allerdings nicht.

Der Krefelder Naturschutzbund hat hier interessante Schilder aufgestellt. Dadurch lernst du viel über das Leben im Wald, die Tiere, die Pflanzen und den Naturschutz. Vom Aussichtsturm auf dem Hülser Berg hat man einen wunderschönen Blick auf den Wald und die Umgebung von Krefeld. In der nahe gelegenen Bergschänke kann man anschließend seinen Hunger und Durst stillen. Der sich direkt daneben befindende Spielplatz wird von jungen Familien mit ihren Kindern gerne zum Spielen und Klettern genutzt.

Besuch doch mal die Hülser Kühe

Draußen auf der Weide ernähren sich Kühe von Gräsern, Kräutern und Klee. Diese werden dann anschließend hochgewürgt und wiedergekaut. Kühe nennt man deshalb auch Wiederkäuer. Die Kühe sind wichtig für die Milchgewinnung.
Erst nachdem ein weibliches Rind zum ersten Mal ein Kälbchen zur Welt gebracht hat, wird es als Kuh bezeichnet und kann dann Milch geben. Früher musste man mit geschickten Händen jede einzelne Kuh melken, währenddessen saß man auf einem Melkschemel. Heute werden durch Melkmaschinen viele Kühe gleichzeitig gemolken, dadurch spart man viel Zeit. Die Bauern haben dadurch viel weniger Arbeit und sind entlastet.

Lotte bleibt an der Niepkuhle in Verberg wohnen

Nun wohnten nur noch Lotte, Buschi und ihre Mutter, im Garten an der Niepkuhle in Verberg. Es ging ihnen gut, doch auch für Lotte und Buschi wurde es endlich Zeit, ihre Kobel zu verlassen und eigene Familien zu gründen. Eichhörnchen werden nämlich in der freien Natur meistens nur drei, höchstens sechs bis sieben Jahre alt. Der Rote Tom begann schon Witze zu machen und ging Buschi mit seinen Ratschlägen auf die Nerven.
»Ich brauche keine Tipps von ihm, um die richtige Eichhörnchenfrau zu finden«, dachte Buschi eigensinnig. Doch die Tage vergingen und dann war es Lotte, die an einem sonnigen Frühlingsmorgen einen Eichhörnchenmann traf. Lottes fuchsbraunes Fell war inzwischen wieder überall nachgewachsen und von dem Zwischenfall mit der Krähe war nichts mehr zu sehen. Sie sah mit ihrem glänzendem Fell und ihren dunkelbraunen wachen Augen sehr anziehend aus. Lotte freute sich sehr über das Interesse, das ihr von dem Eichhörnchenmann entgegen gebracht wurde. Er hieß Theo und kam ursprünglich aus dem Botanischen Garten am Schönwasserpark in Oppum. Die Suche nach einem Weibchen hatte ihn bis nach Verberg geführt. Lotte und Theo wurden schließlich ein Paar. Sie renovierten den alten Kobel, wo Lotte und ihre Geschwister geboren worden waren.

Buschi kam sich ziemlich überflüssig vor und jetzt wurde es wirklich Zeit, dass er fortzog. Er verabschiedete sich von seiner Mutter, die in dem Garten wohnen bleiben wollte. Sie war schon recht alt und fühlte sich zu schwach, um woanders hinzuziehen. So bezog sie einen ihrer alten Kobel in ihrer geliebten Kiefer. Buschi besuchte auch alle seine Freunde ein letztes Mal, den goldenen Pfeil, Sophie und natürlich auch den Roten Tom. Der Abschied von dem Roten Tom fiel ihm besonders schwer. »Machs gut, Kleiner«, piepste das Rotkehlchen ganz leise. »Pass gut auf dich auf. Finde eine nette Frau und kümmere dich gut um sie.« Buschi war nun ganz traurig. Er wusste gar nicht, was er sagen sollte.

»Lebewohl«, konnte er gerade noch sagen, denn er hatte Tränen in den Augen. Die sollte der Rote Tom aber nicht sehen und so sprang er davon. Zwischendurch blickte er sich immer wieder um. Der Rote Tom saß immer noch oben auf seiner Hecke und blickte ihm nach.

Buschi zieht an den Elfrather See

Das Abschiednehmen von seiner Mutter, seiner Schwester Lotte und den Freunden war Buschi sehr schwer gefallen. »Wo soll ich nur hin?«, fragte sich Buschi. Er wollte nicht in der Nähe bleiben, sondern etwas ganz Neues kennenlernen. So folgte Buschi dem Beispiel seiner beiden Schwes-

tern. Vor einigen Tagen hatte er in der Nachbarschaft eine Baustelle entdeckt. Jeden Tag war dort ein Schreiner beschäftigt. Morgens kam er mit seinem Lieferwagen und fuhr abends nach getaner Arbeit wieder weg. An diesem Nachmittag sprang Buschi kurzentschlossen auf den Lieferwagenanhänger. Es roch nach Holz und Leim. Er versteckte sich unter einer Filzdecke und hörte nach einiger Zeit, wie der Schreiner in das Auto stieg. Der Motor wurde angelassen und die Fahrt begann. Neugierig guckte Buschi unter der Decke hervor. Der Abend war schon angebrochen, doch es war hell genug, dass er noch alles sehen konnte. Erst fuhren sie über asphaltierte Straßen, dann über unbefestigte Wege. Er wurde im Wagen hin und her geworfen. Schließlich hielten sie in einer Einfahrt. Flink kletterte Buschi über die Umrandung des Fahrzeugs und erklomm den nächsten Baum. Von dort sah er einen großen See. Eine kleine Halbinsel, die in das Gewässer ragte, gefiel ihm besonders gut. Dort sprang er hin und legte sich in einem alten Taubennest, das auf einer Astgabel einer großen alten Eiche lag, schlafen. Am nächsten Morgen sah er sich sein neues Zuhause von der Krone der Eiche aus an. »Oh, was für einen wunderschönen Blick hat man von hier auf den See. Hier bleibe ich«, dachte Buschi begeistert. Wie in seinem bisherigen Zuhause schwammen hier auch Enten und Schwäne, es gab hier Massen von Kanada- und Graugänsen. Nicht weit entfernt befand sich eine große Kiefer. Dort wohnte eine dreiköpfige Eichhörnchenfamilie in ihrem Kobel. Zwei Mädchen mit ihrer Mama. Morgens beobachtete Buschi, wie sie sich ihr Fell putzten. Danach begann ein turbulentes und temperamentvolles Nachlaufen. Ständig waren sie in Bewegung und sprangen munter über Bäume und Sträucher, genauso wie er es gerne tat. Eines Tages sprach Buschi eine der beiden, die ihm besonders gut gefiel, an.
»Hey, ich heiße Buschi und wer bist du?«
»Ich bin Hetti und das hier ist meine Schwester Lore, wir haben dich schon lange entdeckt. Kommst Du mit uns? Wir machen einen Ausflug«, sagte Hetti. Begeistert schloss sich Buschi den beiden an. Doch auch noch ein anderer Eichhörnchenbock wurde von den beiden eingeladen. Es war klar, dass er auch sehr an Hetti interessiert war. Schon bald erreichten sie eine alte Windmühle. Diese war nicht mehr in Betrieb. Sie kletterten auf deren

Flügel und sahen auf einen großen Golfplatz. Dort gab es viele schick gekleidete Menschen, und kleine weiße Bälle flogen durch die Luft. Auf der anderen Seite der Mühle befand sich ein Restaurant, wo sich viele Gäste aufhielten.

»Hier ist immer was los und wir klettern hier so gerne«, sagte Lore. Während sie das sagte, erklomm Hetti mit einem eleganten Sprung den nächsten Flügel und so sprang sie immer weiter, bis sie alle durch hatte. Dann fing sie wieder von vorne an. »Macht es mir nach, es macht unglaublich viel Spaß«, rief sie durch die Luft fliegend.

»Au ja«, jauchzte Buschi entzückt. Der andere Eichhörnchenmann versuchte auch Hettis tollkühnen Sprüngen zu folgen. Doch schon bei seinem zweiten Sprung rutschte er beinahe von dem Flügel ab und fand nur mit Mühe Halt. Wenig begeistert erklärte er: »Das ist doch kindisch! Dazu habe ich keine Lust, ich sehe euch lieber zu.«

Inzwischen hatten die Golfer das immer lauter werdende Gekreische der ausgelassenen Eichhörnchen mitbekommen. »Die flottesten Eichhörnchen Krefelds sind wieder unterwegs«, sagte eine nette Dame fröhlich zu ihren Freundinnen. Allerdings versuchte ein verärgert guckender Herr sie zu vertreiben. Müde machten sie sich schließlich auf den Heimweg. »Das war ein richtig schöner Tag«, sagte Buschi zu den dreien. Der andere Eichhörnchenmann merkte, dass Hetti nur Augen für Buschi hatte und sie sahen ihn nie wieder. Hetti und Buschi trafen sich nun oft. Sie passten perfekt zueinander und sie wurden ein Paar. Hetti hatte hoch oben in einer anderen Kiefer einige Kobel gebaut. Unter diesem Baum wuchs überall roter Klatschmohn, der sich vom See wunderschön abhob. Den beiden wurde es hier nie langweilig. Es gab immer viel Neues zu entdecken. Nahrung hatten sie hier auch mehr als genug. »Ich bleibe für immer bei dir, auch wenn dies für Eichhörnchenmänner nicht üblich ist«, sagte Buschi verliebt zu Hetti. »Der Rote Tom wäre zufrieden«, dachte er noch.

Besuch doch mal den Elfrather See

Um den See wachsen viele Bäume, außerdem Wildblumen und Sträucher. Die Stadt Krefeld hat hier für Radfahrer, Spaziergänger, Jogger, Walker und Hundebesitzer einen Wander- und Radweg angelegt. Im Vergleich zu den Niepkuhlen befindet sich hier ein riesengroßes Gewässer. Ursprünglich war dort eine Kiesgrube, die bis Ende der 70er Jahre im Betrieb war. Danach wurde das Gewässer erweitert und zum heutigen Naherholungsgebiet mit vielen weitläufigen Grünflächen ausgebaut. Im Sommer kann man hier segeln, surfen, rudern, Kajak fahren und tauchen. Der Elfrather See wird auch als Regattastrecke, das ist eine Wettfahrt auf dem Wasser zwischen mehreren Booten, genutzt.

Vom Elfrather See nicht weit entfernt, steht die 1826 auf einem Mühlenhügel erbaute größte Mühle Krefelds, die Elfrather Mühle.
Hier wurde früher aus Getreide Mehl gemahlen.
Sie wird heute als Restaurant genutzt, da sie zum Golfclub Elfrather Mühle gehört.

Schau doch mal den Segelfliegern beim Gleitflug zu

In Traar gibt es einen Segelflughafen. Auch am Himmel von Verberg sieht man manchmal Segelflieger lautlos dahin gleiten.
Dieser Flughafen befindet sich auf dem Egelsberg. Dort steht auf einer natürlichen Anhöhe, die Egelsberger Mühle. Sie ist das Wahrzeichen des kleinen Ortes. Ihre Flügel bewegen sich nicht mehr.
Hier liegt auch das Rittergut Haus Traar, das heute im Privatbesitz ist. Dieses ist ein ehemaliges Gebäude des Deutschen Ritterordens, das aus dem Mittelalter stammt. Hier wohnten Ritter, die ihr Leben Gott weihten.
Ein Ritterorden sollte Pilger beschützen, kranke und verwundete Ritter pflegen und heilige Stätten schützen. Pilger sind Menschen, die zu heiligen Orten reisen.
In Traar gibt es auch eine ehemalige Burganlage, das Haus Rath. Aus diesem schönen alten Bau, hat man inzwischen viele Eigentumswohnungen gemacht.

Die Stadt Krefeld

und ihre Stadtteile

Fröhliches Wiedersehen

Buschis Mutter war an den Niepkuhlen zurückgeblieben und lebte dort zusammen mit Lotte und ihren Kindern. Oft träumte sie davon, mit allen ihren Kindern ein Wiedersehen zu feiern. Wie schön wäre es, wenn Moni, Anne, Hanni und Buschi mit ihrem Nachwuchs öfters vorbeikämen. Wie glücklich wäre sie dann!

Zweite Auflage 2022

Text und Illustrationen: Ruth Liebert-Schmitz
Lektorat: Monika Knaden, Krefeld
Satz und Umschlaggestaltung: Im Bambushain, Krefeld

Druck: WIRmachenDRUCK GmbH, Backnang

ISBN 978-3-9823142-2-8